Renate Sültz & Uwe H. Sültz

Reise- und Urlaubs-Tagebuch

Mein Name:

Urlaubsdaten:

BoD - Books on Demand

Norderstedt 2018

Bibliografische Information durch die Deutsche Nationalbibliothek

Die Deutsche Nationalbibliothek verzeichnet diese Publikation in der Deutschen Nationalbibliografie; detaillierte bibliografische Daten sind im Internet über http://dnb.dnb.de abrufbar.

© 2018 Renate Sültz & Uwe H. Sültz

Herstellung und Verlag:

BoD – Books on Demand, Norderstedt

ISBN 978-3-7460-2631-2

Urlaubs-Checkliste In- und Außland

Adressanhänger	Ausweiskopien
Adressen	Flug-/Bahntickets
Ausweiskopie	Geld
Batterien / Akkus	Grüne Versicherungskarte
Bindfaden	Hausschlüssel
Dosenöffner	Führerschein
Flaschenöffner	Krankenversicherungs-karte
Fliegenklatsche	Kreditkarte
Fotoapparat	Notfalltelefonnummern
Gastgeschenk	Personalausweis/Reispass
Kerze	Reiseversicherungsschein
Korkenzieher	Reservierungen
Ladegerät	Schutzbrief
Lebensmittel und Getränke	Surf-, Tauch-, Segelschein
Müllbeutel / Tüten	TANs (Onlinebanking)
Nähzeug / Sicherheitsnadeln	Visum
Regenschirm	Brille
Reisebügeleisen	Fotoapparat
Schere	Reisekrankheit
Schraubenzieher	wichtige Medikamente
Schreibzeug / Papier	
Schuhanzieher	
Sonnenbrille	
Streichhölzer / Feuerzeug	
Tagebuch	
Taschenlampe	
Taschenmesser	
Taschenrechner	
Tauchsieder	
Wäscheklammern/-leine	
Wecker	
Toilettenpapier	

Urlaubs-Checkliste In- und Außland

Adresse deutsche Botschaft	Arzt und Zahnarzt besuchen
Int. Führerschein	Haustier versorgen
Traverlerschecks	Wertsachen deponieren/verstecken
Auslandskrankenversicherung	Ausweise noch gültig?
Geld wechseln	Kehrwoche organisieren
Kreditkarte	Wichtige Zahlungen erledigen
Grüne Versicherungskarte	Ausweise scannen/ausdrucken
Reiseführer / Wanderkarte	Wohnungs-/Autoschlüssel hinterlegen
Hotelführer / Campingführer	Blumengießen organisieren
Reisegepäck- / Rücktrittsversicherung	Post abbestellen / Nachbarn
Impfungen	Zeitschaltuhr anschalten
Reservierungsdetails	Rolladen auf und zu organisieren
Kohletabletten	Zeitung um-/abbestellen
Kopfschmerz-Tabletten	Einfuhrbestimmungen für Haustier
Sonnenbrandcreme	Fahrzeug zur Inspektion
Mückenschutz	Handy und Ladegerät
Traubenzucker	Mehrfachstecker
Erkältung/Nasenspray	Prepaidkarte
Pflaster / Schere	Ipod/Ipad
Ersatzbrille	Ladegerät
Pille / Kondome	Laptop und Ladegerät
Wärmflasche	PIN und PUK USB-Stick
Fieberthemometer	Prepaidkarte aufladen
Eigene Medikamente	
Wund-/ Brandsalbe	
Zeckenzange /-schutz	
Impfpass / Blutspenderpass	

Urlaubs-Checkliste In- und Außland

Handcreme	Abendbekleidung
Seife	Jogginganzug
Brillenputztücher	Slips
Kamm	Bademantel
Sonnenmilch	Kleid/Rock
Bürste	Sportbekleidung
Kontaktlinsenpflege	Badesachen
Spiegel	Kleiderbürste
Deo	Strickjacke
Körpercreme / Bodylotion	Schlafanzug/Nachthemd
Tampons/Binden	Lange Hosen
Duftwasser	Strümpfe/Socken
Kosmetiktücher Taschentücher	Strumpfhosen
Duschzeug	Sweatshirt
Wattepads	Gürtel
Ersatzbrille	Mütze
Nagelbürste	T-Shirt
Wattestäbchen	Pullover
Fön	Handtasche
Nagelfeile/Nagelschere	Regenjacke
Zahnbürste/Zahnseide	Rucksack/Tasche
Nagellack/-entferner	Wanderbekleidung/Schuhe
Zahnpasta/Mundwasser	Hemd/Bluse
Parfüm	Schal/Halstuch/Kopftuch
Haarshampoo	Waschlappen
Rasierzeug	Schmuck
	Jacken
	Schuhe/Hausschuhe

Urlaubs-Checkliste In- und Außland

Auto-Kindersitz	Tier-Ausweis
Fieberthermometer	Decke/Körbchen
Flasche	Futter/Leckerlies
Fluortabletten	Halsband/Leine
Geschirr/Besteck	Impfungen
Glässchenayern	Kottüten
Kindersicherung (Steckdose...)	Näpfe
Kinderwagen	Spielzeug
Knuddeltiere	Wasser f. d. Fahrt
Nuckel	
Pflegetücher	Abschleppseil
Pürierstab	Auto-Club-Mitgliedskarte
Rassel	Auto-Schutzbrief
Reisebett	Batterie checken
Schlafanzug	Beleuchtung
Schlafsack	Betriebsanleitung
Schwimmflügel	Eiskratzer
Sonnenhut	Fahrzeugschein
Spielzeug	Feuerlöscher
Sweatshirt	Nuss für Felgenschloss
Töpfchen	Öl, Luft, Wasser
T-Shirts	Parkscheibe
Wickeltasche	Reifen checken, Druck?
Windeln	Reservebirnen
Wundsalbe	Verbandskasten
	Warndreieck
	Warnweste
	zweiter Autoschlüssel

Urlaubs-Checkliste In- und Außland

Eigene Angaben:

Checkliste vor der Fahrt/Flug/Reise

Antennen-Stecker ziehen
Adresse hinterlassen
Schlüssel hinterlegen
Anrufbeantworter?
Auto aus dem Parkverbot
Bücher zurück in Bücherei
Bügeleisen/Herd/Kaffeemaschine aus
Fenster/Türen/Rollläden gesichert?
Haus abschließen
Heizung/Warmwasser aus
Kühlschrank leeren
Licht aus (Zeitschaltuhr?)
Müll raustragen
Stand-Bys ausschalten
Wasser abdrehen

... eigene Angaben:

Meine Erlebnisse:

Datum: Ort:

Wetter:

Meine Erlebnisse:

Datum: Ort:

Wetter:

Meine Erlebnisse:

Datum: Ort:

Wetter:

Meine Erlebnisse:

Datum: Ort:

Wetter:

Meine Erlebnisse:

Datum: Ort:

Wetter:

Meine Erlebnisse:

Datum: Ort:

Wetter:

Meine Erlebnisse:

Datum: Ort:

Wetter:

Meine Erlebnisse:

Datum: Ort:

Wetter:

Meine Erlebnisse:

Datum: Ort:

Wetter:

Meine Erlebnisse:

Datum: Ort:

Wetter:

Meine Erlebnisse:

Datum: Ort:

Wetter:

Meine Erlebnisse:

Datum: Ort:

Wetter:

Meine Erlebnisse:

Datum: Ort:

Wetter:

Meine Erlebnisse:

Datum: Ort:

Wetter:

Meine Erlebnisse:

Datum: Ort:

Wetter:

Meine Erlebnisse:

Datum: Ort:

Wetter:

Meine Erlebnisse:

Datum: Ort:

Wetter:

Meine Erlebnisse:

Datum: Ort:

Wetter:

Meine Erlebnisse:

Datum: Ort:

Wetter:

Meine Erlebnisse:

Datum: Ort:

Wetter:

Meine Erlebnisse:

Datum: Ort:

Wetter:

Meine Erlebnisse:

Datum: Ort:

Wetter:

Meine Erlebnisse:

Datum: Ort:

Wetter:

Meine Erlebnisse:

Datum: Ort:

Wetter:

Meine Erlebnisse:

Datum: Ort:

Wetter:

Meine Erlebnisse:

Datum: Ort:

Wetter:

Meine Erlebnisse:

Datum: Ort:

Wetter:

Meine Erlebnisse:

Datum: Ort:

Wetter:

Meine Erlebnisse:

Datum: Ort:

Wetter:

Meine Erlebnisse:

Datum: Ort:

Wetter:

Meine Erlebnisse:

Datum: Ort:

Wetter:

Meine Erlebnisse:

Datum: Ort:

Wetter:

Meine Erlebnisse:

Datum: Ort:

Wetter:

Meine Erlebnisse:

Datum: Ort:

Wetter:

Meine Erlebnisse:

Datum: Ort:

Wetter:

Meine Erlebnisse:

Datum: Ort:

Wetter:

Meine Erlebnisse:

Datum: Ort:

Wetter:

Meine Erlebnisse:

Datum: Ort:

Wetter:

Meine Erlebnisse:

Datum: Ort:

Wetter:

Meine Erlebnisse:

Datum: Ort:

Wetter:

Meine Erlebnisse:

Datum: Ort:

Wetter:

Meine Erlebnisse:

Datum: Ort:

Wetter:

Meine Erlebnisse:

Datum: Ort:

Wetter:

Meine Erlebnisse:

Datum: Ort:

Wetter: